Bienvenu AKPITY

GOUVERNEMENT MEGALOMANE

Bienvenu AKPITY

GOUVERNEMENT MEGALOMANE

Dictus Publishing

Imprint
Any brand names and product names mentioned in this book are subject to trademark, brand or patent protection and are trademarks or registered trademarks of their respective holders. The use of brand names, product names, common names, trade names, product descriptions etc. even without a particular marking in this work is in no way to be construed to mean that such names may be regarded as unrestricted in respect of trademark and brand protection legislation and could thus be used by anyone.

Cover image: www.ingimage.com

Publisher:
Dictus Publishing
is a trademark of
Dodo Books Indian Ocean Ltd. and OmniScriptum S.R.L publishing group

120 High Road, East Finchley, London, N2 9ED, United Kingdom
Str. Armeneasca 28/1, office 1, Chisinau MD-2012, Republic of Moldova, Europe
Managing Directors: Ieva Konstantinova, Victoria Ursu
info@omniscriptum.com

Printed at: see last page
ISBN: 978-3-8473-8919-4

Gloire FALADE

REMERCIEMENT

A mon Père
Fatima DANSOU AKPITY
Virgile GOUTHON

INTRODUCTION

Arrivé au pouvoir en avril 2016, Patrice Talon a chamboulé le paysage politique béninois. Il a appliqué sa méthode afin de redresser le pays, malgré les contestations. Il a imposé un nouveau style de gouvernance. Confronté dès son investiture à une situation socio-économique délicate, Patrice Talon a pris le temps d'établir un diagnostic avant d'élaborer le Programme d'actions du gouvernement PAG, soit un ensemble de 77 réformes prioritaires et de 45 projets phares, bâti autour de sept axes stratégiques, pour relever trois défis : la consolidation de la démocratie, de l'État de droit et de la bonne gouvernance ; la transformation structurelle de l'économie ; l'amélioration des conditions de vie des populations. Les enjeux étaient à la hauteur de l'enveloppe financière prévue : 9 000 milliards de F CFA soit 13,7 milliards d'euros mobilisés, de 2016 à 2021. Pour donner corps au désir de modernité envisagé, malgré que sa feuille de route fasse grincer des dents à une partie de la société, il n'a jamais baissé les bras sur ces projets : déguerpissement dans les espaces publics, assainissement des finances de l'État, lutte contre la corruption et l'impunité, répression de la liberté de presse. Son style paraîtrait suicidaire, mais nombre de béninois semblent désormais de plus en plus nombreux à être convaincus que cette méthode, toute impopulaire qu'elle est, est indispensable pour changer le pays en profondeur. En ces années de mandat, Patrice Talon est devenu le maître incontestable de la scène politique nationale du Bénin. Pourtant, élu sans étiquette et sans l'aide des partis traditionnels.

Le chef de l'État a promis aux béninois un seul mandat, mais sa maîtrise du jeu politique national lui offre une occasion inédite de marquer l'histoire du pays. Se contentera-t-il d'un unique mandat, comme il l'a maintes fois assuré ? Peu de béninois croit encore en cette promesse électorale qui a fini par s'avérer fausse. Les béninois se contentent d'espérer que, au-delà du nombre de ses mandats, son action apportera le pain et la paix, dans un pays qui, n'avait que pratiquement sa vétuste démocratie pour seul produit d'exportation.

En 2018, est créée une Cour de Répression des Infractions Economiques et du Terrorisme CRIET. Celle-ci s'empare rapidement de nombreux dossiers de figures des mondes politique et économique, mais aussi de journalistes, et fait naître dans l'espace public la crainte d'être poursuivi pour opposition politique ou infraction au nouveau très restrictif code du numérique. Au Bénin, entre 2016 et 2021, le nombre de prisonniers a, par ailleurs, doublé, passant de près de 7000 en juillet 2016 à plus de 14 000 en décembre 2021. Depuis 2017, les procédures d'éviction se sont multipliées dans les grandes villes du pays, au nom d'une politique de libération des espaces publics. A Cotonou, ce sont parfois des quartiers entiers qui ont été détruits, et avec eux tout leur tissu social et économique. En parallèle, la libération des espaces publics a aussi impliqué l'interdiction, et le cas échéant l'éviction des petites activités commerciales installées le long des voies de circulation pavées ou goudronnées. Historiquement davantage impliquées dans le petit commerce informel, les femmes des classes populaires urbaines ont été particulièrement affectées. Depuis 2018, le droit de grève a été ouvertement combattu par le gouvernement, si bien que la grève est désormais interdite dans de nombreux secteurs jugés vitaux, de la santé au transport aérien. Les conditions d'accès à la fonction publique ont été durcies, et le statut de fonctionnaire, fragilisé, en même temps que les salaires de la très haute fonction publique, politisée, étaient considérablement augmentés. En août 2022, lors d'une mission économique en France, Patrice Talon vantait devant un parterre d'entrepreneurs français un environnement économique désormais totalement dérégulé, où l'on pouvait employer quelqu'un avec des contrats à durée déterminée indéfiniment. Diverses critiques visent le tournant autoritaire du régime. Ainsi, la réforme du code électoral, puis l'absence de l'opposition aux élections législatives de 2019 et à la présidentielle de 2021, ainsi que la nouvelle emprise du pouvoir central sur les pouvoirs communaux, sont régulièrement dénoncées. Mais aussi, la CRIET est considérée dans l'imaginaire populaire comme un instrument de répression politique au service du pouvoir. On rappelle parfois encore les propos du candidat Talon en 2016, lorsqu'il soutenait que dans les petits pays comme les nôtres, ce qui permet à un président en exercice d'être réélu, c'est sa capacité à soumettre tout le monde. Ensuite, les réformes administratives et économiques entreprises sont fréquemment considérées dans les conversations ordinaires comme servant aussi et surtout les intérêts du président lui-même et de son entourage. Par exemple, des incitants massifs déployés pour accroître la production cotonnière, dans laquelle Patrice Talon a des intérêts majeurs. Mais on peut aussi citer les nombreux marchés publics attribués à des entreprises proches du pouvoir, sources de possibles rétrocommissions. Enfin, il y a aussi fréquemment l'idée que les politiques publiques déployées ne répondent pas véritablement aux besoins de la population. Cette critique revient souvent sous la formule ''on ne mange pas goudron''. Simplement, en quoi la construction de nouvelles routes change-t-elle quelque chose à nos conditions de vie ?

Par ailleurs, en Afrique de façon générale, les atteintes aux droits humains ont été d'une ampleur considérable en 2023. Des États et des groupes armés ont fréquemment perpétré des attaques et des homicides illégaux lors de conflits armés de plus en plus nombreux. Dans le monde entier, des autorités ont étouffé la dissidence en réprimant les libertés d'expression, d'association et de réunion pacifique, en ayant recours à une force illégale contre des manifestantes, en arrêtant et en détenant arbitrairement des défenseures des droits humains, des opposants politiques et d'autres militants, et parfois même en leur infligeant des actes de torture ou d'autres mauvais traitements.

Nombre d'États n'ont pas pris les mesures nécessaires pour concrétiser les droits à l'alimentation, à la santé, à l'éducation et à un environnement sain, négligeant les injustices économiques et la crise climatique.

CHAPITRE I : UN GOUVERNEMENT A FELICITER

SECTION 1 RESTRUCTURATION DE L'ECONOMIE NATIONALE

En cinq ans d'exercice du pouvoir, c'est-à-dire de 2017 à 2021 le Bénin a enregistré en moyenne 6,06 % de taux croissance contre 4,74 % pour son prédécesseur Yayi Boni pour une même durée de 2011 à 2015. Mais malgré ces prouesses économiques, le niveau de développement humain reste encore faible. En 2019, 2020 et en 2021 le Bénin a été classé respectivement 158è, et 166è places dans le classement du programme des Nations unies pour le développement en matière d'indice de développement humain (IDH). Pour pousser le pays à un niveau considérable, l'administration du port de Cotonou a subi une nouvelle réorganisation. La gestion du port est désormais déléguée. [1]

Le port a un code d'éthique, un comité des concessions. Le Directeur du port ne peut pas se lever, aujourd'hui, et faire des concessions. C'est un comité qui étudie. Il y a désormais une procédure qui est mise en place. Au plan des opérations, on constate, le renouvellement de tout ce qui est équipement naval. L'acquisition de deux grands remorqueurs de grande puissance. Nous avons également la réfection de la vigie, la tour de contrôle et l'implémentation du système d'informations portuaires au port de Cotonou. Au plan des finances, les finances du port de Cotonou ont été assainie de sorte que les états financiers du Port sont, aujourd'hui, certifiés par les commissaires aux comptes, sans réserve. Cela a donné une grande crédibilité et le port de Cotonou est capable aujourd'hui d'aller sur le marché financier. Le port est désormais crédible. Un transfert de compétences est initié. Afin qu'au terme d'une période donnée, les béninois puissent reprendre la main.

---

[1] De l'institut national de la statistique et de la démographie

Au plan mondial, l'année 2023 a été marquée par l'atténuation progressive des effets négatifs des divers chocs. Selon les perspectives économiques mondiales de janvier 2024 du Fonds Monétaire International FMI, la croissance économique mondiale s'établit à 3,1% en 2023 après 3,5% en 2022. En Afrique Subsaharienne, la croissance économique est estimée à 3,3% en 2023 après 4,0% un an plus tôt.

Quant au Bénin, il conforte sa dynamique de croissance en 2023. Le secteur primaire, porté par l'agriculture, poursuit sa croissance. La valeur ajoutée du secteur s'est accrue de 5,1% en 2023 après 4,8% un an plus tôt. La part du secteur primaire dans la formation du PIB s'est affichée à 25,4% en 2023 contre 26,9% un an plus tôt. Sa contribution à la croissance économique est évaluée à 1,4% en 2023, pratiquement la même qu'en 2022 1,3%. Dans ce secteur, l'agriculture a connu une hausse de 4,8% en 2023 après 4,5% un an plus tôt. La branche élevage et chasse a enregistré une croissance de 7,6% de sa valeur ajoutée en 2023, après 7,4% un an plus tôt. Pour la branche pêche, sylviculture et exploitation forestière, la valeur ajoutée a augmenté de 3,7% en 2023, contre 3,6% en 2022.

Le secteur secondaire continue de renforcer sa performance économique. En 2023, ce secteur secondaire a enregistré une croissance de 7,3% de sa valeur ajoutée, après 7,9% un an plus tôt. Sa performance est en lien avec le développement des activités dans l'agro-industrie et à la poursuite des travaux de construction dans le pays. La contribution à la croissance du secteur secondaire est de 1,2% en 2023. La branche des industries agro-alimentaires a connu une hausse de 6,7% en 2023 après 7,3% un an plus tôt. Quant à la branche des bâtiments et travaux publics, on note une embellie de 7,8% de la valeur ajoutée en 2023 après 9,1% en 2022.

Du côté de la demande, la croissance économique a été principalement portée par les investissements. Dans son ambition de faire du Bénin un pays attractif à économie prospère, le gouvernement ne cesse de renforcer les investissements dans les principaux secteurs. A prix constants, les investissements ont évolué de 15,9% en 2023 contre 12,8% un an plus tôt et ils ont contribué, la même année, à 4,9% à la croissance du PIB réel après 3,7% en 2022. La part des investissements dans le PIB à prix courants s'est établie à 40,5% en 2023 contre 36,5% en 2022. Les dépenses de consommation finale se sont accrues de 3,5% en 2023 après 4,7% un an plus tôt et elles ont contribué, la même année, à 2,7% à la croissance du PIB réel après 3,7% un an plus tôt. Les exportations des biens et services, ont quant à elles contribué pour 1,5 point de pourcentage à la croissance du PIB réel en 2023 après 4,0 points de pourcentage, un an plus tôt. De même, les importations des biens et services ont contribué à la croissance du PIB réel en 2023 pour -2,7 points de pourcentage contre -5,1 points de pourcentage en 2022. [2]

En 2024 au premier trimestre on constate, une croissance économique de 6,3% après 6,4% un trimestre plus tôt et 6,2% au même trimestre il y a un an. Cette bonne performance est le fruit du développement des activités économiques dans les principaux secteurs d'activité. Le secteur primaire reste toujours conforté par l'agriculture. Le secteur secondaire, soutenu par l'agro-industrie et les BTP, poursuit sa croissance.

Le secteur tertiaire, principal contributeur au PIB, maintient sa dynamique de croissance. Au premier trimestre 2024, la valeur ajoutée du secteur primaire a enregistré une hausse de 5,4% après 5,3% au quatrième trimestre 2023 et 4,8% un an plus tôt. La contribution du secteur primaire à

---

[2] Direction de la Comptabilité Nationale et des Statistiques Economiques

la croissance du PIB réel s'est affichée à 1,0 point de pourcentage au premier trimestre 2024 et sa part dans le PIB est estimée à 18,1% au cours de la période.

Au premier trimestre 2024, le secteur secondaire a enregistré une croissance économique de 6,9%, après 8,7% un trimestre plus tôt et 6,6% à la même période en 2023. Sa contribution à la croissance du PIB réel au cours de la période est de +1,2 points et sa part dans le PIB est de 18,1%.

Le secteur tertiaire reste le principal moteur de la croissance économique au Bénin. Au premier trimestre 2024, il a connu une croissance de 6,3% après 6,2% un trimestre plus tôt et 6,6% à la même période l'année dernière. Sa contribution à la croissance a été de 3,3 points de pourcentage et il a représenté plus de la moitié 53,3% du PIB au premier trimestre 2024. Les principales branches de ce secteur sont le commerce et les transports.

Du côté d'Impôts et taxes : Au premier trimestre 2024, les impôts et taxes nets des subventions ont représenté 10,5% du PIB. Sur cette période, leur taux de croissance s'est affiché à 6,5% après 6,8% un trimestre plus tôt. Ils ont contribué à +0,7 point de pourcentage à la croissance du PIB sur la période sous revue. Il faut noter que l'économie béninoise de 2017-2024 a connu un essor remarquable voire indéniable. Les efforts de ce gouvernement au sujet de la restructuration de l'économie nationale sont salutaires.

SECTION 2 : CONSTRUCTION ET REAMENAGEMENT DES INFRASTRUCTURES

Une infrastructure bien conçue est un facteur essentiel de la prospérité nationale et une condition préalable à l'expansion économique et à la croissance future. Les infrastructures permettent aux pays d'être productifs, de jouir d'une certaine qualité de vie et de connaître une progression économique en stimulant la croissance, en créant des emplois et en améliorant la productivité, la qualité de vie et l'efficience. Elles sous-tendent la croissance en procurant les réseaux de soutien. L'infrastructure en réseau, comme le transport et les communications, stimulent la production économique parce qu'elles offrent des avantages à d'autres secteurs, notamment une efficience opérationnelle améliorée, des mécanismes efficaces pour coordonner et gérer les chaînes d'approvisionnement et la livraison des produits. Des réseaux résilients et fiables donnent confiance aux entreprises, ce qui entraîne une hausse des investissements d'affaires, de la croissance et de la création de nouvelles possibilités économiques.

Par ailleurs, les investissements dans les infrastructures et la façon dont ces investissements sont gérés peuvent également avoir une incidence importante sur les objectifs économiques des gouvernements. Les nouveaux investissements peuvent apporter une contribution importante à la productivité et au rendement économique si leurs ratios coûts-avantages sont élevés. Donc les investissements dans les infrastructures sont essentiels au fonctionnement de l'économie et contribuent à l'efficience opérationnelle, à la connectivité et à la croissance des entreprises, ce qui peut entraîner une amélioration de la confiance à l'égard des infrastructures en place et à venir.

Immédiatement après son accession au pouvoir, le président TALON a commencé par construire, rénover les rues et les voies, à gérer l'évacuation des ordures dans presque tout le Bénin. Le Bénin, dès lors est devenu un Etat jonché de chantier de développement. La construction des infrastructures a été la priorité du gouvernement Talon. Faire du Bénin une véritable plateforme de services logistiques et d'exportation, c'est une vision noble que le Président Patrice TALON et son gouvernement concrétisent avec méthode. Ce gouvernement a accordé une place de choix aux infrastructures.

Aujourd'hui, dans le programme d'actions du gouvernement 2021-2026, le volet infrastructures et transports représente 25%, donc le quart ¼ du PAG. La construction de routes ou d'aménagement de pistes rurales vient largement en tête des réalisations du gouvernements Talon au cours de ses huit ans du pouvoir. Ce gouvernement a investi dans les infrastructures de qualité, avec une planification équilibrée sur toute l'étendue du territoire national.

Au titre des réformes opérées avec succès par le gouvernement Talon, on retient la création de la Société des Infrastructures Routières et de l'Aménagement du Territoire (SIRAT), qui est née de la fusion de l'ancienne Société des Infrastructures Routières du Bénin et de l'Agence du Cadre de Vie pour le Développement du Territoire. Ces deux structures ont été fusionnées pour créer la SIRAT, pour une plus grande synergie d'actions, une plus grande efficacité, une plus grande efficience dans la mise en œuvre du PAG. Cette SIRAT a pour mission de réaliser, de gérer, d'exploiter et d'entretenir l'ensemble des infrastructures routières, les édifices publics, les aménagements paysagers et la gestion des postes de péage. La SIRAT est aujourd'hui un bras opérationnel. La création de la SIRAT a eu pour conséquence directe la réorganisation de la Direction Générale des Infrastructures de Transport, la DGIT qui, aujourd'hui, s'occupe des questions de conception et de suivi-évaluation, rôle stratégique qui lui est désormais conféré. C'est une réforme majeure. Au port de Cotonou, douze projets d'infrastructures ont été en plus initié. Avec le lancement de la construction d'un nouveau terminal vraquier de 20 hectares, dénommé le terminal 5 qui, en fait, résulte du déplacement et de la démolition de l'actuelle traverse avec une ouverture qui permet une passe de 550 mètres et le rayon d'évitage, qui sera de 550 mètres. Cela servira à la manœuvre des plus grands navires, les gros-porteurs.

Outre ces efforts, d'autres projets d'envergures sont en cours : l'accès centralisé au port de Cotonou qui sera couplé avec un parking tampon. C'est un parking de gros-porteurs qui serait un parking de regroupement des camions avant l'appelé. C'est de là que les camions seront appelés par le système centralisé qui est automatisé et numérisé. Un autre, concerne la zone logistique portuaire. Cette zone logistique est une zone où vont se mener des activités de très grande valeur ajoutée. Conçue comme étant une innovation. Ça n'existait pas dans le port. En Afrique, il n'y a que le Port de Tanger Med qui a cette zone logistique portuaire. Le Bénin sera probablement le deuxième port à la faire. Les grandes firmes aiment généralement ces zones où on emmène les composants industriels. Elle sera réalisée en complémentarité avec la zone économique spéciale de Glo-Djigbé. Des activités économiques se mèneront là. Elle sera une zone à forte valeur ajoutée. Le cinquième projet, c'est le Poste d'hydrocarbure. Qui sera construit pour une augmentation de la capacité à traiter les hydrocarbures. Le Burkina-Faso fait passer par le port de Cotonou l'essentiel de ces hydrocarbures. Le sixième projet concerne l'aménagement de l'actuelle zone port de pêche. Le port de pêche sera déplacé. Il y aura la création d'une zone de services nautiques où il y aura la station de carénage, la station de remorquage ; tout ce qui est équipement naval serait à ce niveau-là.

L'autre projet, c'est le parc logistique du Grand Nokoué. Ce sont des entrepôts qui seront construit, 96.000 m2 d'entrepôts. Ce serait construit à Abomey-Calavi. Les entrepôts qui sont actuellement dans le port seront délocalisés tous, pour être emmenés dans ce parc logistique de Grand Nokoué. Quarante-cinq hectares seront aménagés là-bas pour des entrepôts. Le port de pêche sera déplacé de là où il est actuellement pour être localisé à Xwlacodji, à l'extrême Est du port. C'est un nouveau port à construire. Un port de pêche aux normes internationales. Autre projet, c'est le centre des affaires maritimes. Un grand édifice qui sera bientôt construit. D'abord, la Direction Générale du Port, les acteurs portuaires, tout ce monde sera logé dans le Centre des affaires maritimes. Manutentionnaires, consignataires, transitaires, agents maritimes, tous se retrouveront là. Le dernier projet, c'est celui du relogement des vendeuses. Il s'agit du social. Les vendeuses qui étaient déplacées entre-temps pour céder place aux travaux, celles qui étaient dans la zone du port, dans la zone de la SOBEMAP, un certain nombre a été recensé. Elles seront recasées, bien relogées, en construisant un bâtiment moderne. Les activités qu'elles menaient, elles continueront à les mener dans des conditions beaucoup plus confortables. La construction et le réaménagement des infrastructures ont donné au Bénin une place de choix en matière de réseau routier dans la sous-région.

Dès les premiers mois, le gouvernement Talon se fait remarquer par l'annonce d'un plan d'action du gouvernement, et des projets de réformes profondes et multiples. En quelques années, des guichets électroniques sont mis en place pour faciliter l'accès aux actes d'état civil. Le soutien à la scolarisation dans les régions rurales enclavées est renforcé. L'enseignement supérieur est réformé pour mieux coller aux besoins supposés du marché du travail. De nouvelles routes sont asphaltées à travers tout le pays, ainsi que les voies passantes des agglomérations, changeant la physionomie de plusieurs villes. L'agriculture est redynamisée, et de nouvelles filières agricoles sont développées. La culture cotonnière est encouragée et fait aujourd'hui du Bénin le premier producteur du continent. Un projet majeur d'industrialisation est lancé, et désormais en voie de réalisation, dans la banlieue nord de Cotonou, pour transformer localement les matières premières produites. La création d'entreprise est facilitée. La fierté nationale est flattée par une politique patrimoniale ambitieuse qui voit notamment le retour de certains trésors royaux précoloniaux . Car la relance du tourisme et la monétarisation de l'héritage culturel du pays figurent également en bonne place à l'agenda gouvernemental.

SECTION 3 : REDUCTION DE LA COORUPTION

Une nation corrompue est comme une maison dont les fondations sont pourries. La corruption a souvent des effets dévastateurs pour la croissance et la stabilité économiques. La triste vérité est qu'elle persiste dans tous les pays, se manifestant sous de facettes multiples, depuis les dessous-de-table jusqu'au détournement à grande échelle des ressources publiques. Avec les progrès technologiques, elle devient de plus en plus un défi transnational sans respect des frontières, car l'argent circule désormais plus facilement à l'intérieur et à l'extérieur des pays, dissimulant des gains illicites. Elle demeure donc un problème majeur. Concrètement, la corruption affaiblit la capacité de l'État à faire son travail. Elle rabote les recettes dont il a besoin et pervertit les décisions budgétaires, car les autorités peuvent être tentées de favoriser les projets qui rapportent des pots-de-vin au détriment de ceux qui créent de la valeur économique et sociale. C'est mauvais pour la croissance comme pour les perspectives économiques. C'est mauvais pour l'équité et la justice, car les pauvres sont ceux qui souffrent le plus de la diminution des dépenses sociales et des sommes investies dans le développement durable. C'est également mauvais pour la stabilité économique, car des rentrées fiscales réduites, combinées à un usage dispendieux des deniers publics, constituent un mélange toxique qui dégénère facilement en déficits incontrôlables. Elle nuit le plus aux pauvres et aux personnes vulnérables, augmentant les coûts et réduisant l'accès aux services de base. Elle exacerbe les inégalités et réduit les investissements privés au détriment des marchés, des opportunités d'emploi et des économies. La corruption compromet la réponse aux situations d'urgence, entraînant des souffrances inutiles, et la mort dans le pire des cas. Si elle n'est pas combattue, la corruption peut saper la confiance que les citoyens accordent à leurs dirigeants et à leurs institutions, créant des tensions sociales et augmentant dans certains contextes, le risque de fragilité, de conflit et de violence.

D'une manière plus générale, la corruption endémique peut fissurer les fondements d'une économie saine en dépréciant les normes sociales et en sapant les vertus civiques. Quand les riches ne paient pas leurs impôts, c'est l'ensemble du système qui perd en légitimité. Lorsque la tricherie est récompensée, lorsqu'il apparaît que les règles du jeu ne sont pas les mêmes pour les nantis, la confiance cède le pas au cynisme et la cohésion sociale se fragmente. Parfois, cela peut déboucher sur des dissensions et des conflits civils. C'est un phénomène particulièrement délétère pour la jeunesse. Quand la corruption est profondément enracinée, trop de jeunes n'entrevoient aucune perspective d'avenir, aucun but auquel aspirer ; impossible de participer à la vie sociale, de lui imprimer leur marque, de s'y épanouir ou d'y apporter leur contribution. Ils perdent toute motivation à faire des études, puisqu'ils savent que la réussite dépend des relations et non des capacités. Abandonnant leurs illusions, ils deviennent désengagés, désenchantés. Ils perdent espoir. La corruption empoisonne les âmes. Il n'est donc pas surprenant que l'existence ou non d'une corruption endémique soit l'une des principales causes des écarts de bien-être entre les pays. Rien d'étonnant non plus à ce que la lutte contre la corruption soit un élément central de la réussite des objectifs de développement durable ODD, en particulier l'objectif 16, qui appelle la communauté internationale à promouvoir l'avènement de sociétés pacifiques et ouvertes à tous aux fins du développement durable, assurer l'accès de tous à la justice et mettre en place, à tous les niveaux, des institutions efficaces, responsables et ouvertes à tous.

De 2006 à 2016, le Bénin était une terre fertile à la corruption, les fonds publics se partageait entre les grands administrateurs et les membres du gouvernement. La corruption en fait partie des fondamentales raisons pour lesquelles plusieurs jeunes béninois se sont donnés à l'arnaque, faisant de cela un métier. Tous ceux qui ont pris par le gouvernement de BONI YAYI se sont enrichi sur le dos de la corruption. Mais le gouvernement de Patrice TALON a changé les choses. [3]

Le Bénin fait son entrée dans le top 10 des pays africains résolus à faire de la lutte contre la corruption une réalité. Le Bénin est arrivé au même titre que le Ghana, le Sénégal et l'Afrique du Sud dans ses efforts de lutte contre la corruption. C'est un progrès remarquable. Puisqu'en 2015, il était à la 15ème place en Afrique et 83ème dans le monde. Plusieurs réformes du gouvernement Talon peuvent expliquer l'amélioration du score du pays. Il s'agit entre autres de la réforme sur le renforcement de la prévention de la corruption en République du Bénin. Cette réforme a pour but d'opérationnaliser le Haut-Commissariat. La promotion de la culture d'éthique et du sens du bien public ; l'opérationnalisation de la charte nationale pour la gouvernance du développement du Bénin ; la mise en œuvre des recommandations de l'évaluation du système national d'intégrité (SNI), notamment la dématérialisation dans tous les secteurs de l'administration en vue de réduire le contact entre usagers et agents ; la sensibilisation de toutes les couches socio-professionnelles du Bénin sur les valeurs civiques ; la lutte contre l'impunité à travers l'application effective des sanctions. Pour renforcer ce dispositif la cellule d'analyse et de

---

[3] Le classement 2022 de Transparence International, rapport sur l'Indice de Perception de la Corruption (IPC) 2022

traitements des plaintes et dénonciation a été mise en place. A travers, la plateforme des plaintes et dénonciations et le Numéro vert 155, les populations peuvent désormais dénoncer les actes ou faits de corruption, de mauvaise gouvernance, de mauvaise gestion, de pratiques assimilées ou connexes à la corruption.

La loi portant lutte contre la corruption et autres infractions connexes en République du Bénin offre aux dénonciateurs, aux témoins, aux experts, aux victimes et à leurs proches une protection spéciale, bien que limitée, contre d'éventuels actes de représailles ou d'intimidation pour la divulgation d'information sur la corruption. La définition d'un dénonciateur est toute personne qui signale, de bonne foi, un acte présumé de corruption. Une définition qui reste vague par rapport à d'autres définitions juridiques des lanceurs d'alerte. Les conditions de cette protection spéciale sont définies dans le décret N'2013-122 du 6 mars 2013 sur les conditions de protection spéciale des dénonciateurs, des témoins, des experts et victimes, qui précise qu'aucun dénonciateur, expert ou victime d'un crime lié à la corruption ne peut être harcelé, réprimandé ou sanctionné pour avoir divulgué ou dénoncé la corruption. Un contenu rappelle également la possibilité de solliciter la protection de l'État en cas de représailles et ou harcèlement faisant suite à une collaboration avec l'autorité nationale de lutte contre la corruption. Le décret appelle à la réintégration et ou à l'indemnisation des employés sanctionnés ou licenciés pour avoir collaboré avec les autorités nationales dans la lutte contre la corruption. En cas de menaces ou de mise en danger d'un dénonciateur, le ministre chargé de la sécurité ou le ministre chargé de la défense nationale doit veiller à la sécurité de la personne par les services de police ou des forces de sécurité. Par ailleurs, une compensation financière peut être allouée afin de couvrir les frais engagés par le dénonciateur ou témoin dans le cadre de la manifestation de la vérité. Les dénonciateurs ont également le droit d'inscrire le commissariat de police comme étant leur domicile et, si leur vie est en danger, un juge peut autoriser le recueil anonyme de la déclaration d'un dénonciateur.

CHAPITRE II : INHUMANITE ET MEGALOMANIE AU RENDEZ-VOUS

SECTION 1 : REPRESSION DES LIBERTES PUBLIQUES

Dans bien des pays d'Afrique, il est dangereux de critiquer les autorités. Les personnes qui manifestaient contre les abus, les manquements ou la corruption imputés à leurs gouvernements font souvent l'objet d'une violente répression, qui vise particulièrement les journalistes, les défenseurs des droits humains, les militants et les responsables et membres de l'opposition.

Dans toute la région, des manifestants sont descendus dans la rue pour faire entendre leurs préoccupations sur une multitude de sujets, dont le coût élevé de la vie, la mauvaise gouvernance et les violations des droits humains. Dans de nombreux cas, les forces de sécurité ont dispersé ces rassemblements au moyen d'une force excessive : des dizaines de manifestants et de passants ont été tués ou blessés, notamment en Angola, en Éthiopie, au Kenya, au Mali, au Mozambique, au Sénégal et en Somalie. Au Kenya, la police a tué au moins 57 personnes au cours de manifestations entre mars et juillet 2024. Au Sénégal, au mois de juin 2024, des policiers et des hommes armés en civil ont tiré à balles réelles pour disperser de violentes manifestations à Dakar, la capitale, et à Ziguinchor, faisant au moins 29 morts. Dans d'autres cas, des manifestations ont été interdites par avance, comme en Guinée, au Sénégal, en Sierra Leone et au Tchad. Ces interdictions ont porté essentiellement sur des rassemblements et des manifestations organisés par la société civile ou par des partis ou responsables de l'opposition. Au Tchad, le ministère de la sécurité publique a interdit notamment deux événements de protestation organisés par des partis d'opposition. Le motif affiché était que ces partis n'avaient pas d'existence légale et ne remplissaient pas les conditions d'autorisation relatives aux manifestations. En Guinée, l'interdiction générale de tous les rassemblements politiques imposée depuis mai 2022 était toujours en vigueur. Néanmoins, plusieurs manifestations de soutien au chef de l'État ont été autorisées.

En Eswatini, le défenseur des droits humains Thulani Maseko a été assassiné à son domicile. Au Cameroun, le journaliste Martinez Zogo a été enlevé dans la banlieue de Yaoundé et son corps mutilé a été retrouvé cinq jours plus tard. Il travaillait sur la corruption présumée de personnes proches du gouvernement. John Williams Ntwali, un journaliste d'investigation qui travaillait sur des questions en rapport avec les droits humains, est mort dans des circonstances suspectes au Rwanda. La veille, il avait confié à un confrère qu'il craignait pour sa sécurité. Au Soudan du Sud, sept journalistes ont été incarcérés arbitrairement au centre de détention du service national de la sûreté à Djouba, la capitale, en lien avec une vidéo diffusée sur les réseaux sociaux dans laquelle le président semblait s'uriner dessus. Ils ont été détenus pendant des durées variables, allant jusqu'à 10 semaines, avant d'être libérés sans inculpation. L'un d'eux aurait subi des actes de torture et d'autres mauvais traitements. En Somalie, un tribunal a condamné à deux mois d'emprisonnement le journaliste Abdalle Ahmed Mumin, secrétaire général du syndicat des journalistes somaliens, déclaré coupable d'avoir désobéi aux ordres des autorités. Ayant déjà passé plus de deux mois en détention provisoire, il a été libéré, avant d'être de nouveau arrêté un peu plus d'une semaine après et enfermé pendant un mois. En Tanzanie, entre les mois de juin et de décembre, au moins 12 personnes ont été arrêtées pour avoir critiqué l'accord sur les ports entre la Tanzanie et les Émirats arabes unis, avant d'être libérées sans condition au bout de quelques jours. Au Burundi, la journaliste Floriane IRANGABIYE a été condamnée à 10 ans d'emprisonnement pour atteinte à l'intégrité du territoire national. Sa condamnation, fondée sur des propos tenus lors d'une émission de radio, a été confirmée en appel.

Au Niger, Samira Ibrahim a été déclarée coupable de production de données de nature à troubler l'ordre public après avoir affirmé sur Facebook que l'Algérie ne reconnaissait pas le régime militaire du Niger. Plusieurs journalistes, défenseurs des droits humains et militants, notamment du Mali, de République Centrafricaine, de Tanzanie, du Tchad et du Togo, ont été contraints à l'exil. Au Togo, Ferdinand AYITE et Isidore KOWONOU, du journal l'Alternative, ont été condamnés à trois ans de prison et à une lourde amende pour avoir publié un article accusant deux membres du gouvernement de corruption. Ils ont quitté le pays pour ne pas avoir à purger leur peine. En République centrafricaine, après avoir reçu des menaces d'une source inconnue, un journaliste qui avait travaillé sur des faits de corruption présumés à l'Assemblée Nationale a fui le pays. Au Mali, Aminata Dicko, défenseure des droits humains, a dû s'exiler après avoir dénoncé devant le Conseil de sécurité de l'ONU les atrocités commises par les forces armées. À la suite de cette intervention, elle avait été convoquée par la gendarmerie nationale, qui l'avait interrogée en lien avec des accusations de haute trahison et de diffamation. Au Bénin, au Burkina Faso, au Niger, au Tchad, au Togo et ailleurs, les pouvoirs publics ont suspendu des médias, des journaux ou des sites d'actualités pour des durées plus ou moins longues. Confrontées à une agitation sociale ou politique, les autorités d'Éthiopie, de Guinée, de Mauritanie et du Sénégal ont suspendu ou perturbé l'accès à Internet. Au Nigeria, la commission nationale de régulation des médias a infligé des amendes à 25 stations de diffusion en lien avec la façon dont elles avaient traité les élections générales de 2023. Il leur était reproché d'avoir enfreint le code de l'audiovisuel. D'autres autorités sont allées encore plus loin, notamment au Bénin, où le groupe de presse de la Gazette du Golfe a vu ses activités suspendues jusqu'à nouvel ordre. Au Niger, le journal l'Événement a été contraint de fermer ses portes parce qu'il n'aurait pas payé ses impôts.

Partout en Afrique, le droit à la liberté d'expression est menacé. S'opposer ouvertement aux politiques, aux mesures ou à l'inaction des pouvoirs publics ou diffuser publiquement des informations jugées préjudiciables aux autorités peut entraîner une arrestation, une détention arbitraire, voire la mort. Le harcèlement judiciaire de personnes émettant des critiques était monnaie courante. Les restrictions sévères et injustifiées du droit à la liberté d'association se sont multipliées. Des partis d'opposition ont été pris pour cible et leurs possibilités d'organiser et de mener librement leurs activités ont été limitées. Les autorités ont continué d'instrumentaliser les législations pour restreindre les droits humains, notamment le droit à la liberté d'association. Les arrestations et détentions arbitraires sont toujours monnaie courante. Il est fréquent que de nombreuses personnes soient arrêtées et placées en détention lors de la dispersion de manifestations par les forces de sécurité ou dans le cadre d'un état d'urgence.

En effet, le Bénin connu comme un Etat jouissant d'une stabilité démocratique est sombré dans le bazar après la prise du pouvoir par le Président TALON Patrice. Au moment de son élection, il était déjà une figure bien connue de la scène politique béninoise. Entrepreneur ayant émergé à la faveur de différentes vagues de privatisation du secteur du coton à partir des années 1990, d'une manière qui n'est pas sans évoquer celle des oligarques dans d'autres contextes postsocialistes, il devient dès le début des années 2000 l'un des principaux financiers des campagnes électorales dans le pays. Son soutien au président Boni Yayi, élu en 2006, débouchera sur le gain de nouveaux marchés publics, jusqu'à leur brouille en 2012, menant à ce qui semble bien avoir été une tentative d'empoisonnement de Boni Yayi par Patrice Talon.

L'arrivée au pouvoir en 2016 du président-entrepreneur Patrice Talon a, par ailleurs, été considérée comme marquant une forme de tournant autoritaire. Les atteintes à la liberté d'expression sont une réalité. Virgile AHOUANSE, directeur de l'information d'une station de radio en ligne, a été condamné à une peine de 12 mois d'emprisonnement avec sursis pour diffusion de fausses informations. En 2022, il avait diffusé une enquête dans le cadre de laquelle des témoins accusaient la police de s'être livrée à des exécutions extrajudiciaires. La constitution du Bénin garantit le droit à la liberté de pensée, de conscience, de religion, de culte, d'opinion et d'expression dans le respect de l'ordre public établi par la loi et les règlements, et assure la liberté et la protection de la presse. Néanmoins, depuis l'avènement de la rupture, l'accès à ces libertés fondamentales affiche certaines défaillances, orientant le pays vers la voie de la répression. Les protections accordées aux lanceurs d'alerte sont très limitées et faibles. Une loi relative à la lutte contre la corruption et un décret associé, interdisent les représailles contre toute personne qui signale des pratiques de corruption aux autorités nationales, mais ne fournit aucun moyen viable de communiquer des informations, et les divulgations à d'autres entités ne sont pas protégées. Les journalistes travaillent depuis 2016 dans un environnement médiatique restreint, la presse béninoise est partiellement libre. En janvier 2015, l'Assemblée Nationale a adopté le code de l'information et de la communication, qui définit les droits et libertés des journalistes. Bien que la diffamation ne soit plus punissable d'emprisonnement, de lourdes sanctions pécuniaires peuvent être appliquées et des peines de détention sont toujours en vigueur pour incitation à la violence, à la destruction de biens ou pour atteinte à la sécurité intérieure de l'État. La promulgation du code du numérique en juin 2017 constitue de surcroit une nouvelle entrave à la liberté d'expression, interdisant certains médias d'opposition, encourageant les pratiques de censure.[4]

La législation sur le lancement d'alerte au Benin est limitée. Il n'existe pas de loi protégeant les lanceurs d'alerte, ni même de procédure ou de mécanisme clair orientant la divulgation d'informations. Les protections offertes sont limitées aux divulgations faites aux autorités nationales seulement et sont souvent incomplètes. Le lancement d'alerte sur son lieu de travail n'est pas soutenu par une protection significative contre les représailles et les employeurs ne sont pas obligés de donner suite ou d'accepter les plaintes. La loi sur les médias numériques en permettant de poursuivre et d'emprisonner des journalistes pour des contenus en ligne prétendument faux ou harcelant des personnes, restreint fortement la liberté d'expression. Un activiste et militant en faveur de bonne gouvernance a été condamné en 2021 à douze mois de prison ferme et une amende de 200.000 FCFA. Simplement pour avoir dénoncé publiquement le coût de location du véhicule du Chef de l'Etat. C'était une infraction vague et trop large qui lui a été infligé : *harcèlement par le biais d'une communication électronique.*

Depuis l'accession de Patrice TALON à la présidence de la république du Bénin, les médias d'opposition n'ont eu aucune chance. Certaines dispositions répressives de la loi de 2017 portant code numérique autorisant la criminalisation des délits de presse ont été l'instrument

---

[4] Article 4 du décret N'2013-122 du 6 mars 2013, la loi de 2017 portant code du numérique

tranchant utilisé par son gouvernement pour affaiblir la liberté de la presse. La fermeture des médias d'opposition était un plaisir pour le gouvernement TALON : Nous avons assisté à la suspension du journal proche de l'opposition Radio Soleil et Sikka TV, appartenant à Sébastion Ajavon.

En 2022, ce journal demeure encore privé d'antenne alors qu'une décision de justice rendue en mai 2017 avait demandé sa réouverture. La Nouvelle Tribune, un quotidien proche de l'opposition, a lui aussi été suspendu suite à une série de propos jugés injurieux et outrageants à l'égard du chef de l'État. D'aucuns fermés tels que : E-télé, Eden TV. La suspension, fermeture des médias et l'arrestation des journalistes est un signe d'absence de liberté d'expression. Nous pouvons clairement affirmer que cette liberté est absente au Bénin. Cela est aussi identifié par Reporters sans frontières qui a classé le Bénin à la 114e place de son indice mondial de la liberté de la presse soit - 36 places par rapport à 2016. C'est un gros recul indélébile jamais constaté dans l'histoire du Bénin. Ignace Sossou, un journaliste, a ainsi été condamné en mars 2020 à douze mois de prison, dont six mois ferme pour harcèlement par le biais de moyens de communication électronique après avoir rapporté sur les réseaux sociaux les propos du procureur de la République tenus au cours d'un atelier sur la désinformation. Plusieurs voix se sont levées pour signaler la détention arbitraire du journaliste qui n'a pas bénéficié d'un procès équitable, exigeant sa libération immédiate. Tous les termes utilisés par la justice béninoise à l'époque TALON pour inculper les journalistes n'ont été que des machines fabriquées pour faire taire les voix dissidentes, empêcher le peuple d'avoir accès à des informations. Également en 2021 deux autres journalistes du Bénin Soleil Info étaient condamnés par les mêmes arguments à six mois d'emprisonnement avec sursis et à une amende de 500.000 FCFA. Le plaignant, est un inspecteur des douanes qui aurait été cité de manière diffamatoire dans une série d'articles du journal sur un conflit domanial. Les institutions publiques s'impliquent dans cette bataille d'affaiblissement de la presse. La Haute Autorité de l'Audiovisuel et de la Communication est une institution en charge de la régularité du fonctionnement de la presse. Soudainement le peuple béninois la voyait transformée en une épée d'intimidation de la presse. En juillet 2020, elle a ordonné la suspension immédiate de toute publication des sites d'informations en ligne opérant sans autorisation alors que le code de l'information et de la communication exige une autorisation préalable. La HAAC avait alors évoquée des critères flous telle qu'une enquête de moralité concernant les conditions requises pour obtenir l'autorisation d'exploiter un site d'information.

Aussi, le gouvernement béninois s'est servi de la situation sécuritaire dans le nord du pays pour justifier le maintien des restrictions imposées au droit de grève. Le ministère public a requis une peine de 12 mois d'emprisonnement à l'encontre du journaliste Maxime LISSANON, qui était détenu depuis le 13 janvier pour incitation à la rébellion. Ce journaliste avait été arrêté après avoir écrit sur sa page Facebook le 8 janvier, pendant les élections législatives, que des représentants du parti d'opposition Les Démocrates n'avaient pas pu accéder aux bureaux de vote. Le 15 juin, Virgile AHOUANSE, directeur de l'information de la station de radio en ligne Crystal News, a été condamné à une peine de 12 mois d'emprisonnement avec sursis pour diffusion de fausses informations. En décembre 2022, il avait diffusé une enquête dans laquelle des témoins accusaient la police d'avoir commis des exécutions extrajudiciaires dans une école de Porto-Novo. Le 8 août, la Haute autorité de l'audiovisuel et de la communication a suspendu jusqu'à nouvel ordre tous les moyens de communication de masse du groupe de presse la Gazette du Golfe, qui se serait livré à une apologie des coups d'État. Le 31 août, dans le parc national de la Pendjari, des policiers ont arrêté Damilola AYENI, un journaliste de la Fondation pour le journalisme d'investigation qui travaillait sur un rapport environnemental.

Suite à la modification de certaines dispositions du statut général de la fonction publique, le 28 décembre 2017 puis, la révision du statut général de la magistrature le 02 Janvier 2018, le gouvernement talon a retiré le droit de grève d'une part aux agents de la santé, de la justice et de la sécurité publique et d'autre part aux magistrats. Le retrait de ce droit de grève a été la source d'une tension sociale et la prise d'une vague de motion de grève par les centrales syndicales. Ce qu'il faut aussi comprendre le droit de grève n'est pas un instrument de la bataille politique. C'est plutôt un moyen qui permet aux employés de contraindre l'employeur à la négociation des conditions de travail et de rémunération. De surcroit, au Bénin, le droit de grève est un droit fondamental, un instrument juridique consacré par la loi suprême : *L'Etat reconnaît et garantit le droit de grève. Tout travailleur peut défendre, dans les conditions prévues par la loi, ses droits et ses intérêts soit individuellement, soit collectivement ou par l'action syndicale. Le droit de grève s'exerce dans les conditions définies par la loi.* Une autre législation de 1986 prévoit : *le droit de grève est reconnu aux agents permanent de l'Etat pour la défense de leur intérêt professionnel collectif ; il s'exerce dans le cadre définit par la loi.*

De toutes ces législations, nous comprenons que le droit de grève est un instrument juridique qui peut aider les travailleurs à faire une revendication afin d'aboutir à une négociation ou une rémunération. Lorsque le peuple est privé de ses libertés fondamentales il est assujetti. La liberté d'expression n'est que significativement réservé au peuple souverain. Lorsqu'elle n'est pas en vue, il est sujet de barbarie. La liberté d'expression est l'un des droits les plus précieux de l'homme. C'est une liberté fondamentale, surtout que son existence est l'une des garanties essentielles du respect des autres droits et libertés de la souveraineté nationale. La liberté d'expression occupe une place à part dans le paysage des libertés car son rôle ne se limite pas à conférer des prérogatives à l'individu. Il s'agit aussi d'un droit objectif, d'un principe général qui conditionne l'existence de la démocratie et des autres droits fondamentaux.

Néanmoins, Rousseau trouve que ce sont plutôt les restrictions et contraintes qui décrivent le mieux la vie humaine parce que vivre une vie réelle signifie faire l'expérience du plaisir et de la sensation pénible. Pour lui, être libre signifie être libéré de l'oppression déraisonnable de la tyrannie absolue du roi, proche de l'esclavage du système féodal, et de l'oppression injuste, ce que nous appelons aujourd'hui la liberté d'expression, l'inviolabilité du corps et les libertés économiques.[5]

De plus, d'autant que la liberté trouve sa protection dans la loi, elle devient un droit pour tous les citoyens. En d'autres termes, tous les citoyens de la nation sont contraints de se subordonner à la volonté de la nation qui n'est rien d'autre que son opinion. L'opinion publique est la voix du peuple lui-même et porte la même signification que la loi. Cela n'a point changé depuis l'âge de Rousseau. Quand l'opinion publique est établie par le dirigeant social ou le groupe responsable, l'opinion est saine.

Retenons que, la liberté d'expression est consacrée dans la plupart des environnements juridiques. Elle occupe une place à part dans le paysage des

---

[5] Libertés publiques et droits fondamentaux (2021), pages 141 à 151

libertés. Elle est garantie par l'ensemble des textes protecteurs des droits et libertés qui décrivent les conditions dans lesquelles elle peut être contrainte voire limitée au nom des nécessités inhérentes à toute société démocratique, mais aussi à la sécurité nationale, à l'intégrité territoriale ou à la sûreté publique, à la défense de l'ordre et à la prévention du crime, à la protection de la santé ou de la morale, à la protection de la réputation ou des droits d'autrui, pour empêcher la divulgation d'informations confidentielles ou pour garantir l'autorité et l'impartialité du pouvoir judiciaire. Car son rôle ne se limite pas à conférer des prérogatives à l'individu. Il s'agit aussi d'un droit objectif, d'un principe général qui conditionne l'existence de la démocratie et des autres droits fondamentaux.[6]

C'est donc important de reconnaitre que cette liberté n'est pas un absolu, elle se trouve affectée de nombreuses limites que les internautes ne doivent guère ignorer. Certes, Il ne saurait s'agir de brider la liberté d'expression de quiconque : enseignant, personnel non enseignant, chef d'établissement, journaliste, bloggeur, élève ou parent, mais nous ne devons oublier les limites fixées par la loi. La libre communication des pensées et des opinions est un des droits les plus précieux de l'homme, tout citoyen peut donc parler, écrire, imprimer librement, sauf à répondre de l'abus de cette liberté dans les cas déterminés par la loi.

La détention arbitraire des opposants politiques est restée une chose déplorée par le peuple béninois. En décembre 2021, l'opposante béninoise Reckya Madougou a été reconnue coupable par la Cour de répression des infractions économiques et du terrorisme des faits de complicité d'acte de

---

[6] La liberté d'expression est l'un des droits les plus précieux de l'homme article 11 de la DDCH, droits fondamentaux et   libertés publiques, p. 553

terrorisme. C'était un verdict inhumain : vingt de prison ferme et une amande de 50 millions de francs CFA. Le 6 décembre de la même année, la même cour condamnait le Professeur Joël AIVO à 10 ans de prison ferme et une amande de 45 millions de francs CFA pour complot contre la sureté de l'Etat et blanchiment de capitaux. Pourtant il n'a en effet, jamais transparu l'élément pouvant confondre formellement le professeur sur son implication dans les faits qui lui sont reprochés.

Reckya Madougou était candidate du parti d'opposition Les Démocrates pour l'élection présidentielle de 2021. La justice béninoise est restée aux ordres du gouvernement talon et non au service du peuple souverain. Depuis son accession au pouvoir, ceux qui sont envoyés en prison sont principalement ses opposants. Toutes ces accusations sont infondées. Les détentions arbitraires font preuve de la dérive autoritaire de Patrice Talon. Il a usé de tous les moyens judicaires et politiques pour s'imposer afin d'assurer son second mandat. La Criet, Cour de répression des infractions économiques et du terrorisme, une cour née après l'arrivée de Patrice Talon au pouvoir, est dorénavant comprise par le peuple béninois comme une machine d'élimination des adversaires politiques. Le contexte sociopolitique actuel du Bénin s'avère contraignant pour certains promoteurs de médias qui, s'ils ne prêtent pas allégeance au pouvoir en place, risquent d'en manquer les bonnes grâces. L'instance régulatrice, la Haute autorité de l'audiovisuel et de la communication HAAC se prête au jeu et fini par s'éloigner de ses missions et objectifs. Le paysage médiatique du Bénin n'est plus similaire à ce qu'il était plus de 10 ans auparavant.

SECTION 2 : ABSENCE DU SOCIAL ET CHERETE DE VIE

Les dernières crises, économiques, politiques et sanitaires, n'ont pas été sans séquelles pour les économies africaines. Entre la pandémie du covid-19 et la guerre russo-ukrainienne, le continent a accusé le coup, enregistrant une flambée des prix des produits de grande consommation. Chaque gouvernement tente depuis d'adopter des mesures pour soulager sa population. Cette flambée des produits alimentaires de première nécessité a sévi partout en Afrique, particulièrement en République démocratique du Congo, au Gabon, au Cameroun et au Burkina Faso mais aussi au Bénin.

En République démocratique du Congo, le taux d'inflation s'était établi à 5,3 % en juin 2022. Des chiffres avancés par l'Institut national de la statistique. Au marché Gambela, l'un des grands marchés de la ville de Kinshasa, les prix des produits surgelés tels que les poissons chinchards, les côtes de porcs ou encore le poulet, ont augmentés de 10 % minimum. Le carton de poisson qui coûtait 120 000 francs congolais, soit 60 dollars US, passe à 140 000 francs congolais, 72 dollars. Sur place, les vendeurs et vendeuses de ce marché sont dans le désarroi. Ils ne comprennent pas pourquoi les prix n'ont pas baissé, malgré l'accord entre le gouvernement congolais et les opérateurs économiques.

Pour le cas Gabonais, les citoyens vivent un niveau d'inflation élevé. D'ailleurs Libreville occupe la 21e place dans les classements des villes chères au monde. Plusieurs produits ont connu une hausse sur le marché. Il s'agit précisément des produits de première nécessité par exemple, du carton de poulets, qui récemment avait une valeur de 7 500 FCFA, mais qui est vendu aujourd'hui à 8 500 FCFA. Le bidon d'huile de 5 litres est passé de 4 500 FCFA à 6 000 FCFA, voire plus de 10 000 FCFA pour l'huile d'olive. Pour le Burkina Faso, en juillet 2022, le taux d'inflation s'était établi à 18,2 %, selon l'Institut burkinabé de la statistique.

Pour le cas du Bénin, il est vrai que la situation n'était pas spécifique au Bénin, mais concerne tout le continent. La principale cause de la cherté de la vie au Bénin est liée à une augmentation de la demande face à une offre insuffisante sur le marché. Les produits vivriers du Bénin sont exportés sans que le peuple béninois soit pleinement satisfait. De surcroit, le prix des denrées grimpe en flèche en raison du recul de leur production qui a commencé depuis l'imposition des restrictions Covid. Une décision d'investir plus de 68 millions $ dans la réduction des prix de produits de grande consommation a été annoncé par les autorités. Malgré ça, les produits demeurent chers : le gari qui est produit au Bénin dont le kilo était à 200 FCFA maximum est vendu actuellement à 500 FCFA, l'huile rouge était à 500 FCFA le litre actuellement à 900 FCFA. Pourtant ce sont des choses produites au Bénin.

Le coût de certains produits a quasiment doublé en l'espace de quelques semaines. L'huile d'arachide est actuellement à 23 000 Fcfa le bidon de 25L et le litre à 1000 Fcfa. Deux mois avant le litre était à 800 Fcfa et le bidon de 25 litres se cédait à 20 000 Fcfa. Le maïs, l'un des aliments de base du Bénin produit par les béninois est aussi concerné par cette hausse du prix de vente. Le sac du maïs de 100kg qui se vendait à 25.000F cfa est allé 45.000Fcfa. Le kilo est passé de 250 à 400 francs, voire 450Fcfa en un mois. Avec une production annuelle avoisinant 2 millions de tonnes, le maïs est la principale culture vivrière du pays. Il occupe une place de choix dans l'alimentation de la population et participe à la sécurité alimentaire des habitants.

Cette flambée des prix des produits de première nécessité fait grincer des dents et ne laisse pas indifférents les syndicats. Des consommateurs ont organisé une marche de faim pour dénoncer la vie chère. Leur message était :

Nous avons décidé de cette marche pacifique pour dire au gouvernement que nous avons besoin de mesures concrètes pour protéger le pouvoir d'achat du citoyen et du travailleur afin de garantir à tous une vie décente.

Mais la marche des syndicalistes n'a pas pu se tenir. La manifestation a été dispersée par les forces de l'ordre qui ont bloqué tous les accès. La police a procédé à l'interpellation de plusieurs manifestants dont Anselme Amoussou, le Secrétaire général de la Centrale des Syndicats Autonomes du Bénin CSA-Bénin, et Moudassirou Bachabi, Secrétaire général de la Confédération générale des travailleurs du Bénin, CGT Bénin. Ces derniers n'ont été relâchés que plus tard dans la soirée. Les syndicalistes qui ont boycotté la traditionnelle cérémonie de remise des cahiers de doléance à l'autorité, ont essayé d'organiser une autre manifestation le 1er mai, jour de la fête du travail. Cette manifestation a également été réprimée et 72 personnes ont été interpellées. Depuis, un grand nombre a été relâché, mais 21 personnes ont été placées sous mandat de dépôt pour détention et consommation de chanvre indien. Selon les autorités, des tests de leur urines ont révélé qu'ils étaient sous l'influence de substances illicites. Il faut juste comprendre que, quand il s'agit des affaires publiques, les arguments ne manquent jamais pour accuser à qui trouver de tort. Les détenteurs du pouvoir exécutif détiennent toutes sortes de possibilités pour faire valoir leurs raisons.

Quand on se réfère aux chiffres de la campagne agricole écoulée, le Bénin ne devrait pas être confronté à une pénurie encore moins à une inflation du prix du maïs. En effet, le besoin national du pays en consommation du maïs s'établit autour de 1.000.000 de tonnes. Alors que rien que pour cette année, la production a été évaluée à 2.050.000 tonnes. Ce qui devrait largement couvrir la demande nationale.

Le ministre de l'agriculture, Gaston Dossouhoui a essayé d'apporter des explications à la situation. Pour lui, certaines raisons justifient la hausse du prix de cette céréale : à la faveur des décisions prises pour interdire les importations de produits carnés à base de volailles, les éleveurs ont commencé par faire beaucoup de réserves stratégiques pour alimenter les batteries de poulets. Les commerçants ayant senti cette situation favorable font de la spéculation. Ils captent beaucoup et ils stockent en attendant que les prix grimpent davantage Il ajoute que la consommation du maïs au niveau du Sahel est très importante. À cet effet, la position du Bénin qui se situe sur un corridor assez sécurisé, favorise le recours des pays du Sahel aux marchés béninois pour s'approvisionner. Le Nigéria avec sa production massive de volailles ne peut se passer du maïs béninois. Quand on voit ces pressions de part et d'autre, il se pose un problème de l'offre et de la demande. Le gouvernement, après un conseil des ministres du mercredi 8 mai 2024, évoquant le libéralisme économique et la libre circulation des biens dans l'espace communautaire a décidé d'interdire pour le moment l'exportation des produits vivriers hors du territoire national. Selon le communiqué rendu public on retient : *dans le but d'assurer la disponibilité des produits à un coût raisonnable pour nos compatriotes, le conseil, après avoir évalué et apprécié la situation, a décidé d'interdire temporairement et ce jusqu'à nouvel ordre, toute exportation de céréales (maïs, riz, mil, sorgho, niébé), de même que des tubercules et leurs dérivés, (farines dont le gari).*

Néanmoins, la fermeture de la frontière avec le Niger qui a alimenté une forte tension constitue un facteur déterminant. La prise des décisions irréfléchies au sommet de l'Etat peut fragiliser le peuple et semer du désastre. Le Niger et le Bénin sont des pays voisins, des nations frères. Jean

Jaurès le français nous a servi une affirmation pour comprendre le lien de fraternité de solidarité. Pour lui, *étant frère nous sommes solidaires.* Malheureusement la tension qui s'est éclatée entre les deux pays a écarté tout lien de voisinage, de fraternité et de solidarité. Le coup d'Etat du 26 juillet 2023 au Niger, qui a renversé le président élu Mohamed Bazoum et a mis au pouvoir un régime militaire, a été le point de départ d'une crise régionale entre Niamey et ses voisins membres de la Communauté Economique des Etats d'Afrique de l'Ouest. La Cedeao a décidé de sanctions diplomatiques et économiques contre les nouvelles autorités nigériennes et le Bénin s'est d'emblée positionné comme partisan d'une ligne dure, notamment du fait des liens de proximité entre le président nigérien déchu et le président béninois, Patrice Talon, qui s'est investi dans la crise nigérienne avec beaucoup de zèle. Plus tard la Cedeao a décidé la levée des sanctions, amorçant la voie d'une normalisation des échanges avec le nouveau régime de Niamey.

Cependant, le Niger n'a pas pardonné au Bénin d'avoir été dans le camp de ceux qui prônaient une intervention militaire, et refuse de rouvrir sa frontière avec le Bénin, comme il l'a fait avec ses autres voisins, l'accusant d'abriter des bases militaires françaises dans le but de le déstabiliser. Des accusations réfutées par le Bénin et la France. En rétorsion, le Bénin a suspendu son autorisation de charger le pétrole nigérien dans son port de Sèmè-Kpodji, contrairement à l'accord signé en 2019 entre les deux Etats et Wapco, la société chinoise qui gère l'oléoduc géant qui relie les champs pétroliers d'Agadem, dans le nord-est nigérien, au port béninois. La tension est allée très forte surtout lorsque la justice béninoise a condamné trois Nigériens à 18 mois de prison avec sursis pour leur présence au port béninois de Sèmè-Kpodji, alors que Niamey affirme qu'il s'agissait d'employés de Wapco au Niger et donc que leur présence était légitime.

Les conséquences de cette brouille se sont senties durement des deux côtés. Les populations frontalières ne peuvent plus ni commercer librement ni se fournir en certaines denrées, notamment en céréales. Il convient de noter que le Bénin a enregistré d'énormes pertes. Le poumon de l'économie béninoise c'est le port de Cotonou. Le port de Cotonou, qui constituait la principale voie d'importation et d'exportation pour le Niger enclavé, a tourné au ralenti : les acteurs économiques en pâtissent tout comme l'Etat béninois qui a vu chuter la perception des droits de douane. Niamey, qui doit trouver d'autres débouchés pour s'approvisionner, s'est tourné désormais vers Lomé. Les transporteurs béninois ont aussi eu leur sort. Les autorités nigériennes sont allées jusqu'à interdire aux véhicules d'immatriculation béninoise quittant le Togo d'entrer sur leur territoire.

L'interruption de l'exploitation pétrolière pourrait avoir un impact sur la croissance économique espérée par le Niger. Car cette année, le Niger devait avoir environ 12% de croissance, une des meilleures du continent. Et ce, grâce à l'exportation de 90 000 barils par jour, entraînant d'importantes recettes financières. Si cette exploitation n'est pas mise en œuvre, c'est clair qu'il y aura un manque à gagner significatif. Le Bénin aussi subirait des pertes : il doit encaisser des taxes, des droits de passage, créer des emplois. Mais le grand perdant reste le Niger, puisque c'est lui le producteur du pétrole. Ainsi que la Chine propriétaire de la Wapco qui extrait et exporte le pétrole, qui a déjà investi dans la construction d'oléoducs. Elle comptait sur l'exportation pour récupérer cet argent.

Outre ces situations qui ont exaspéré le peuple béninois, le gouvernement de Talon était déjà critiqué de n'avoir point considéré le volet social dans ses programmes d'actions. Bien vrai, la construction des infrastructures contribue majoritairement au développement. Mais le développement n'aura de valeur sans le peuple. De même lorsque le peuple est exténué par la faim et la précarité, le développement n'aura aucun sens. Le gouvernement subira assez de critiques.

SECTION 3 : BAVURES POLICIERES

Depuis mars 2024, début de la répression des infractions au code de la route, de nombreux cas de bavure policière ont été signalés dans plusieurs villes du Bénin. Certaines villes du pays ont été récemment le théâtre de violences et de tracasseries perpétrées par des agents de la police républicaine dans le cadre de l'opération de répression des infractions au code de la route. Ces agissements inacceptables ont suscité l'indignation et la consternation au sein de la population béninoise.

Le tribunal de Natitingou a condamné jeudi 25 avril 2024 trois policiers, auteurs de violences sur un conducteur de moto lors d'un contrôle pour le port du casque. Dans une vidéo, on les voit malmener le conducteur à terre. L'image a choqué au Bénin et l'opinion a aussi désapprouvé les poursuites contre l'auteur de la vidéo qui a dénoncé l'incident. Le délibéré était très attendu. Les trois policiers condamnés appartiennent au peloton de surveillance et d'appui de Natitingou, au nord-ouest de Cotonou. Ils écopent tous de six mois de prison ferme et d'une amende à verser à la victime qu'ils ont rouée de coups le 11 avril. Aussitôt rendu, le verdict a fait la une des médias et inondé les réseaux sociaux tellement que c'était attendu. L'opinion s'est réjouie surtout de la relaxe de l'auteur de la vidéo qui a révélé l'affaire. Son placement en détention provisoire avait fortement déplu et suscité des protestations autour du tribunal de Natitingou. [7]

L'élection présidentielle de 2021 qui a consacré Talon président pour un second mandat a connu un fort soulèvement du peuple à cause de l'exclusion des partis d'opposition à cette élection. Les répressions ont été si violentes. On pouvait dénombrer quelques cadavres du coté de l'armée et

---

[7] Violence policière publiée publié le : 26/04/2024 - 02 :56

de la population. C'était une mauvaise réputation pour le Bénin qui est identifié en Afrique comme un laboratoire de la démocratie. Les bévues d'un gouvernement mégalomane se font souvent remarquer par des arrestations arbitraires, répressions, enlèvements, tortures, assassinats et bien d'autres. Evidemment pour le cas du Bénin nous constatons des repressions sévères et des arrestations arbitraires sifflées par la Criet.

Pourtant l'usage de la force est autorisé dans le cadre de la loi, lorsqu'il s'agit de la protection des citoyens d'actes criminels. Les policiers emploient la force à des fins légitimes ou pour exécuter des ordres légitimes. La police n'est pas une unité de la barbarie. Le pouvoir qu'a la police de recourir à la force et aux armes à feu est régi par la loi. Le principe de protection de la vie est inscrit dans les législations. La force meurtrière ne doit être utilisée que pour protéger contre une menace imminente de mort ou de blessure grave. Lorsque l'emploi de la force par la police entraîne des blessures graves ou la mort, il convient de mener sans délai une enquête approfondie, indépendante et impartiale. Les auteurs présumés de ces faits doivent être jugés dans le cadre de procès équitables. Pendant les manifestations, la police doit être guidée par son obligation de faciliter les rassemblements pacifiques et ne doit pas d'emblée avoir recours à la force.

Si l'usage de la force est inévitable pour assurer la sécurité d'autrui, la police doit limiter la force utilisée au minimum nécessaire. La décision de disperser une manifestation ne doit être prise qu'en dernier ressort, lorsque tous les moyens moins restrictifs ont échoué. Les actes de violence commis par une petite minorité ne justifient pas le recours aveugle à la force. Le gaz lacrymogène et les canons à eau ne doivent être utilisés pour disperser une manifestation que si les personnes présentes ont la possibilité de quitter les lieux. En outre, ils ne peuvent être employés qu'en cas de violences de grande ampleur et lorsque les moyens plus ciblés se sont avérés inefficaces. La police n'est pas une unité d'exécution sommaire.

Les États sont tenus de faire en sorte que tout le monde puisse exercer son droit à la liberté de réunion pacifique, y compris dans le cadre de manifestations. Il existe des directives internationales claires pour guider les interventions policières lors des manifestations. Il incombe à la police de faciliter les manifestations pacifiques. Si des tensions apparaissent, elle doit s'efforcer de les apaiser. Même si certains manifestants se livrent à des actes de violence, la manifestation n'en demeure pas moins un rassemblement pacifique. Dans ce cas, la police doit faire en sorte que les personnes restées pacifiques puissent continuer à manifester.

CONCLUSION

Le succès du gouvernement Talon d'avoir opéré de profondes réformes au sein de tous les secteurs de l'administration béninoise en général et plus particulièrement dans le secteur de la justice est indéniable. Ce gouvernement n'est pas le premier à faire l'objet de critiques, qu'on a déjà pu entendre. C'était exactement le même, dès le milieu des années 1990, lorsque le gouvernement de Nicéphore Soglo multipliait les nouvelles voies pavées.

Néanmoins, la massive violation des droits humains par ce gouvernement jette de grosse ignominie sur la République du Bénin. Le paysage médiatique du Bénin n'est plus similaire à ce qu'il était plus de 10 ans auparavant du fait du régime de la rupture, de sorte que le Bénin démocratique est devenu dictatorial. La situation est devenue délicate, le Bénin havre de la démocratie et de la liberté de presse dans la sous-région a perdu son rang et sa valeur en passant de la 78ème à la 114 ème place en moins de 5 ans, de 2017-2021. Les raisons qui sous-tendent cette chute libre dans le classement mondial de la liberté de la presse comprennent entre autres la suspension de radios et services internet, les arrestations arbitraires des figures de proue de l'opposition et des journalistes, la répression des manifestations, mais aussi la mise en application de nouvelles lois, jugées répressives à la liberté de la presse. Alors que le pays disposait d'un impressionnant éventail des lois et conventions aussi bien nationales qu'internationales garantissant la liberté de la presse. Il s'agit de la constitution de la République du Bénin, loi organique, code de l'information et de la communication en République du Bénin, code de déontologie de la presse béninoise, charte africaine des droits de l'homme et des peuples. Aujourd'hui, considérant la violente métamorphose qui a imposé de fortes mutations, ébranlé les fondations ainsi que l'existence même de nombreux organes de presse, voire des tensions entre le Bénin et les pays limitrophes, ce n'est plus le Bénin que le monde connait. C'est désormais la cour royale de Talon. Il est vrai que le développement d'une nation mérite des efforts considérables bien conséquents. Certes, l'être humain ne se saurait jamais être comparé à des animaux. La répression des libertés publiques, la méconnaissance des droits humains est un déni de l'humanité. Le nouveau code du numérique de ce gouvernement a suscité bien de réactions chez plusieurs à cause de certaines de ses dispositions considérées répressives à la liberté des médias béninois. Les cas de violations à l'encontre des médias et de ses acteurs sont répétitives et récurrentes. Les chefs ou prétextes d'accusation les plus courants sont entre autres, la diffamation et la diffusion de fausses nouvelles. Ainsi plusieurs personnes ont subi les foudres du système judicaire sans convocation ni mandat quelconque. Le contexte sociopolitique actuel du Bénin s'avère contraignant pour certains promoteurs de médias de sorte que, s'ils ne prêtent pas allégeance au pouvoir en place, risquent d'en manquer les bonnes grâces.

L'instance régulatrice, la Haute autorité de l'audiovisuel et de la communication HAAC s'est éloigné de ses missions et objectifs. En dépit du rythme soutenu des réformes et des nouvelles initiatives prises par ce gouvernement dans le domaine économique, le manque d'inclusivité de la croissance semble bien constituer un nœud du problème. Durant les quinze dernières années, le taux de pauvreté national ne semble pas avoir véritablement reculé. Passé de 37,5 % à 40 % entre 2006 et 2015, pendant les deux mandats de Boni Yayi, ce taux s'établissait en 2019 à 38,5 %, avec un recul limité dans le sud-est du pays, mais une augmentation dans le nord et dans le sud-ouest. Aujourd'hui, l'ambition du programme d'action du gouvernement de la deuxième mandature de Patrice Talon ne va pas au-delà d'une possible réduction de 2 % de ce taux de pauvreté à l'horizon 2026. En fait, les priorités d'investissement du gouvernement semblent être ailleurs, à savoir dans la création d'emplois dont la question de la qualité est rarement posée. Dès lors, face à ce manque d'inclusivité de la croissance, s'est développée chez beaucoup une forme d'indifférence et de résignation à l'égard de la classe politique. L'augmentation, tardive mais bien réelle – jusqu'à 30 % des salaires les plus bas, un mois avant les élections, n'aura pas suffi à convaincre les béninois. Pour finir, la recherche de la cohérence et de la légitimité en démocratie n'est jamais superflue pour conforter la légalité dans la perspective d'une gouvernance publique d'impact positif sur le développement humain durable.

I want morebooks!

Buy your books fast and straightforward online - at one of world's fastest growing online book stores! Environmentally sound due to Print-on-Demand technologies.

Buy your books online at
www.morebooks.shop

Achetez vos livres en ligne, vite et bien, sur l'une des librairies en ligne les plus performantes au monde!
En protégeant nos ressources et notre environnement grâce à l'impression à la demande.

La librairie en ligne pour acheter plus vite
www.morebooks.shop

Printed by Books on Demand GmbH, Norderstedt / Germany